Anselme BASTIEN

AVOCAT

CANDIDATS-SILHOUETTES

PORTRAITS
HUMORISTIQUES

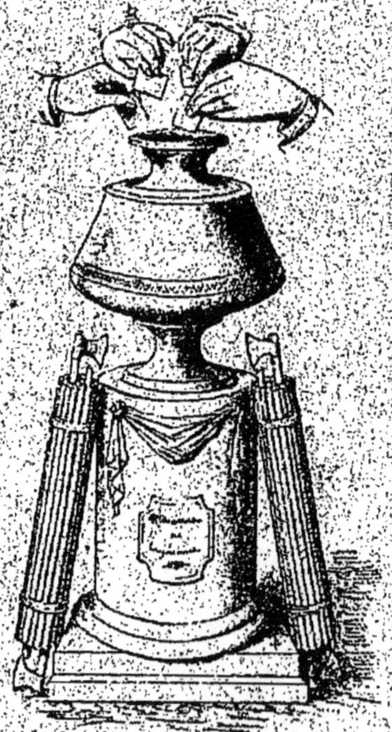

LANGRES

LIBRAIRIE A. PARGON

Place Henriot

1889

CANDIDATS-SILHOUETTES

Anselme BASTIEN

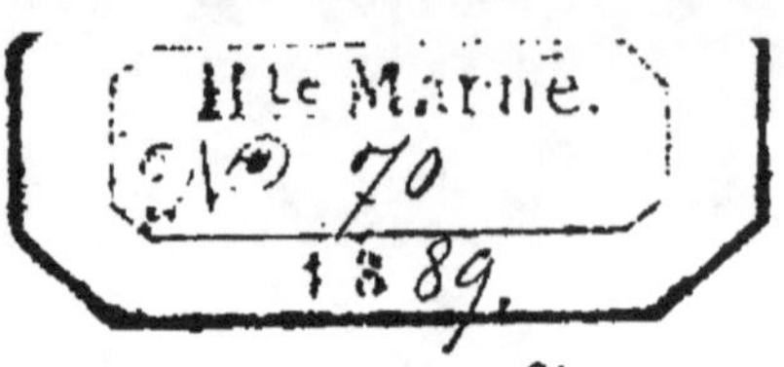

CANDIDATS-SILHOUETTES

PORTRAITS

HUMORISTIQUES

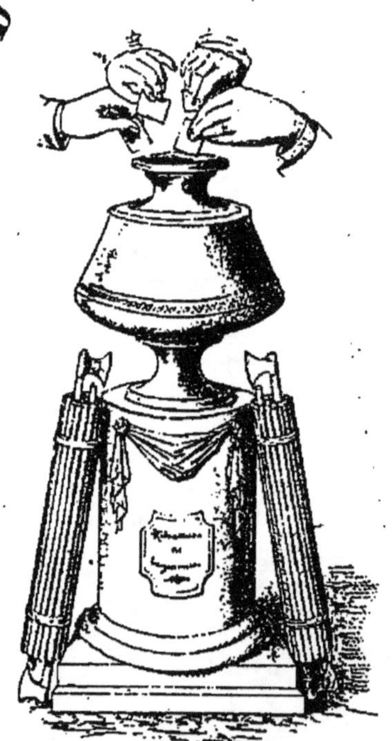

LANGRES

Librairie A. PARGON, | Imprimerie LEPITRE-RIGOLLOT

Place Henriot | Rue du Petit-Cloitre

1889

AUX ÉLECTEURS FRANÇAIS

PRÉFACE

À tout livre une préface peut être bonne; pour celui-ci, j'estime qu'elle est nécessaire.

Si vous croyez trouver dans cette brochure les émotions de la lutte politique, si vous y recherchez l'attaque ou la défense d'un camp, si vous lui demandez comme conclusion l'expression d'une opinion quelconque, ne la lisez pas, et, sans même en couper les feuillets, reléguez-la dans le coin le plus obscur de votre bibliothèque.

Non; je hais la politique, du moins celle qu'on décore généralement de ce nom, et qui n'est qu'une espèce de politique, et la plus mauvaise, la politique de parti. Elle n'aboutit qu'à la division des esprits, à la haine des citoyens, à la lutte de deux ou plusieurs masses.

C'est, en y songeant, que j'ai entrepris cet humble opuscule, voulant montrer les conséquences de ces doctrines, lorsque les partis s'entrechoquent dans la bataille électorale, et lorsque leurs chefs demandent le triomphe de leurs couleurs à une violente campagne.

Aussi, vous les voyez, ces hommes honnêtes, ces citoyens paisibles, qui, tout d'un coup, s'attaquent, s'insultent et descendent jusqu'aux plus basses démarches pour tâcher de gagner le combat. Ils me font l'effet de ces taureaux tranquilles qu'on jette dans l'arène, et qui, à la vue du rouge, ne cherchent plus que le sang.

Voilà ce que j'ai essayé de dépeindre dans ces quelques portraits, cette lutte de partis se caractérisant dans la personne des candidats ; et je me suis efforcé de tracer les quelques types se rencontrant le plus souvent à la tête des combattants.

Loin de moi la prétention d'avoir fait une œuvre puissante ou spirituelle ; mais j'ai, du moins, dans la modeste mesure du possible, indiqué combien il est regrettable d'en arriver là, et de forcer, en quelque sorte, des hommes honorables à se ridiculiser ainsi.

La vraie politique, la seule, doit être la politique d'affaires. Et alors plus de ces divisions sans fin, plus de ces querelles qui usent une nation, plus de ces victoires qui appellent des revanches, mais le calme et l'unification des esprits. De telle sorte que, dans chaque circonscription, quand viendrait la période électorale, on irait aux urnes, sans bruit, voter pour l'homme de son choix parmi les deux ou plusieurs candidats, dont les noms, connus et estimés, peu important leurs opinions, les auraient dès longtemps signalés à l'attention populaire.

Peut-être est-ce une utopie? je le veux; mais vous la pardonnerez à mes vingt-cinq-ans, d'autant plus qu'elle prouve un violent désir de voir notre France plus heureuse, et nos représentants plus respectés.

Tel a été mon but. L'ai-je bien ou mal rempli? A vous d'en décider. Je n'ai pas, je le répète, la prétention d'avoir réussi, ni surtout celle de contenter tout le monde. Je me suis placé en dehors de tout parti ; j'ai raillé à droite et à gauche, sachant qu'on fustige mieux les mœurs par le rire que par le discours, et justifiant ainsi ma devise : Rions, pour ne pas pleurer. « Rideamus, ne lugeamus. »

De plus, je tiens à le proclamer hautement, je n'ai entendu viser aucune personnalité; j'ai esquissé des types, sans songer à personne ; et nul ne doit se trouver attaqué par mon petit livre.

Et maintenant, amis lecteurs, je vous l'abandonne. Lisez-le ou ne le lisez pas ; approuvez-le ou critiquez-le : ce sont là des droits que je ne saurais vous contester.

Mais, quoi qu'il en advienne, croyez-bien que je n'ai voulu ici que dire mon mot pour le bien de mon pays, sans animosité contre qui que ce soit, et surtout sans me laisser dominer par aucun esprit de parti.

Langres, le 14 juillet 1889

Anselme BASTIEN

Avocat

LE CANDIDAT-INDUSTRIEL

LE CANDIDAT-INDUSTRIEL

A h, mais ! Vous le connaissez bien, le gros propriétaire de l'usine qu'on voit là-bas dans le vallon. Eh bien ! c'est lui : il est candidat. C'est comme cela.

Qui l'aurait dit il y a vingt ans ? Les vieux se le rappellent encore, arrivant par le petit sentier qui tourne au coin du bois. Il s'était arrêté un moment près du ruisseau pour rafraîchir ses mains et ses pieds nus ; puis il s'était approché du village. On l'avait reçu comme un mendiant, en lui offrant un morceau de pain au bout de la table, et une botte de paille pour dormir dans la grange. Le lendemain, il était entré à l'usine comme ouvrier. Un beau et rude gars, c'est vrai. Il avait travaillé dur ; le patron l'avait remarqué, puis pris dans son cabinet ; et, petit à petit, d'année en année, il avait gravi tous les échelons de la hiérarchie jusqu'à celui de sous-directeur. Le patron mourut ; il conduisit d'abord l'affaire tout seul ; puis il épousa la veuve ; et le voilà maintenant depuis quatre ans unique propriétaire de l'usine.

Son ventre s'est arrondi avec sa fortune. Jovial, bon gros bonhomme, étalant sur son large gilet de belles breloques en or, tirant toujours un billet de banque pour payer deux sous afin de faire voir sa richesse, sans souci, plaisantant à tort et à travers, mais rusé et finaud avec les paysans, tel est aujourd'hui notre candidat-industriel.

Il connaît tout le monde par son nom et vous demande des nouvelles des vôtres, mais sans y faire attention, interrogeant un veuf sur la santé de sa femme, ou une jeune jeune fille sur le nombre de ses enfants ; au demeurant, serviable, et toujours prêt à dire qu'il est l'homme ayant fait le plus de bien dans la région.

Il y a quelque temps, il a réuni ses cinq cents ouvriers et leur a tenu ce langage :

« Mes braves camarades, vous savez qu'on va renouveler la Chambre. Dans ce pays-ci, je ne vois guère que moi qui puisse vous représenter, car nul ne connait aussi bien vos intérêts que je les connais moi-même. J'espère que vous voterez tous comme un seul homme pour votre patron. J'ai déjà beaucoup fait pour vous. Toutes vos maisons, les jardins qui les entourent, votre bien-être, vous les devez à ma générosité. Je ferai plus encore. Car, dès aujourd'hui, je vous avertis que je vais créer sur mes fonds personnels une caisse de retraite pour les vieux, et que je vous donne à tous une gratification de huit jours de salaires sur les bénéfices de l'année écoulée.

« Maintenant, voici la question que je vous pose : Me voulez-vous pour député ? »

Et tous de s'écrier en levant les mains en l'air : « Oui, oui ; vive le patron, vive notre député ! »

Et, devant ces acclamations, sa bonne grosse figure s'épanouissait ; et sa bouche, se dilatant par un rire béat, ressemblait à l'urne électorale prête à recevoir déjà les bulletins de vote, ou mieux encore à la gueule de la grenouille du jeu de tonneau toujours ouverte pour engouffrer les palets.

Ce n'était pas tout. Cinq cents voix sûres, c'est bien certes; mais il y en a d'autres qu'il faut gagner.

Et notre candidat parcourt les campagnes, vient en aide aux misères, répand l'or dans toute la contrée.

Pour tous, il a une bonne parole, un sourire, une poignée de main. Il distribue des jouets aux enfants; il s'arrête dans les champs pour causer avec les travailleurs; il s'asseoit dans toutes les chaumières; bref, nul n'échappe à sa sollicitude.

Et puis, les belles professions de foi de toutes couleurs, bien voyantes, qu'il affiche sur les murs des communes! Et le groupe d'ouvriers dont il se fait précéder dans chaque salle de réunion pour donner le signal des applaudissements!

Il a pris un secrétaire qui lui prépare ses discours; et, comme il a une belle mémoire, il les récite savamment, avec emphase, les terminant toujours par une pluie de rafraîchissements offerts à l'assemblée. Il gagne du terrain ; son concurrent, qui n'a pas les mêmes ressources que lui, voit chaque jour la victoire lui échapper de plus en plus ; le bon gros industriel sourit dans sa barbe en rentrant le soir chez lui ; et, avant de se coucher, il se regarde dans la glace en se disant :

« Est-ce bien vrai ? Tout de même, comme cela change. Il y a cinquante ans, je n'aurais pas été même électeur ; aujourd'hui, je suis éligible ; et demain, député ! C'est à n'y pas croire. »

Il ne se reconnaît point ; mais c'est bien lui pourtant ; et son coffre-fort seul a ressenti quelques atteintes. La puissance de l'or !

Et il s'endort paisiblement, repassant encore dans son esprit les différentes étapes de sa vie, et songeant qu'après tout c'est dans toutes les contrées la même chose, et qu'ainsi il ne sera pas trop dépaysé au milieu de ses futurs collègues.

LE CANDIDAT-NOBLE

LE CANDIDAT-NOBLE

La voiture de Monsieur le Comte est prête; si Monsieur le Comte le désire, Monsieur le Comte peut partir immédiatement...

Et le candidat-noble se lève majestueusement de son fauteuil, échange son londrès contre un vulgaire cigare populaire, prend le chapeau qu'un domestique lui remet, en s'inclinant, dans l'antichambre; il descend avec dignité les marches de son perron, jette un coup d'œil de maître sur le parc qui s'étend devant lui; et, levant le pied, il monte dans sa voiture.

Le cocher touche. Le voilà parti.

C'est que Monsieur le Comte se présente aux élections. Il est immensément riche,

2

descend des Croisés, et a reçu de son comité l'ordre de rechercher des électeurs un mandat représentatif.

Hélas! il faut s'abaisser à demander le suffrage des manants, des valets; il faut plaire officiellement à tous ces gens de bas étage. Mais aussi cela vaut la peine d'être député. Alors, on les tiendra dans sa main, ces paysans, non-seulement par la soumission d'inférieur à supérieur, mais surtout par les intérêts.

C'est une dure corvée pour Monsieur le Comte, qui a beaucoup travaillé certes et qui est un savant, mais qui a hérité de la morgue de ses aïeux, d'aller briguer un à un les suffrages. Et cela lui est bien nécessaire pourtant, car il réunit peu de sympathies. Pourquoi sourire à cette populace? Pourquoi soulever son chapeau à ces rustres? « Bonjour, mon ami », d'un air protecteur; et c'est tout.

Mais Monsieur le Comte sait bien qu'aujourd'hui les vieilles traditions sont perdues; il sait bien que l'aristocratie n'est plus un titre aux voix de ses concitoyens, et que la couronne héraldique n'est pas la couronne populaire ; il sait bien enfin que, dans l'urne de la mairie, le vote de tous est égal et que, par conséquent (oh! décadence!) son garçon d'écurie a tout autant droit à ses ménagements que le propriétaire du château voisin.

Telles sont les réflexions amères du candidat-noble, tandis qu'il roule sur la route poudreuse, avalant la poussière sèche qui s'exhale impudemment du sol jusqu'à sa bouche auguste.

Voici le village. « Où faut-il arrêter Monsieur le Comte? » Ah! ironie du destin. Aller à l'auberge! Oui, il le faut; et la belle calèche seigneuriale s'arrête devant la branche de houx qui se balance au-dessus de la porte, et qui semble suspendue comme une épée de Damoclès sur le front des candidats, ou comme un balai tout prêt à nettoyer les écuries d'Augias.

Il descend; il entre en réprimant un mouvement de répulsion pour l'odeur nauséabonde de ce milieu enfumé. Mais ils sont là dix électeurs, et force lui est de leur parler.

Monsieur le Comte met son chapeau à la

main. « Bonjour, mes chers amis. » — « Salut, Monsieur. » Et les paysans, sentant déjà qu'ils ont le beau rôle, affectent de continuer leur conversation sans s'occuper du nouveau venu.

Mais plus de parti-pris ; plus d'esprit de caste. La campagne est ouverte ; le candidat a toute honte bue. « De la bière », crie-t-il, « et à la santé de ces Messieurs ! » Et il choque son verre contre les verres des hommes attablés auprès de lui.

Alors la glace est rompue ; l'on cause, non plus avec solennité d'un côté et bassesse de l'autre, mais avec unité de ton et sans distinction d'origine.

« Vous le savez, mes chers concitoyens, je me présente à vos suffrages. Et, si vous êtes les maîtres de choisir votre représentant, il est de mon devoir de vous indiquer mon programme. J'ai toujours été votre ami (*murmures... Hum !... Hum !...*) oui ; peut-être vous l'ai-je parfois peu montré ; mais, dans le fond, croyez-m'en, je vous ai toujours été très attaché.

« Je suis né, j'ai grandi au milieu de

vous ; je sais vos besoins et vos désirs ; et, si je me présente, c'est parce que j'estime que, dans votre intérêt même, vous devez m'envoyer à la Chambre.

« Mes relations de famille, ma fortune vous assurent de mon influence et de mon indépendance ; de plus, ma loyauté, que vous ne sauriez mettre en doute, vous est un sûr garant que je m'occuperai de vous.

« Vous êtes surchargés d'impôts ; je les ferai diminuer. Vous voulez la paix politique et la régularité dans les affaires ; je travaillerai de toutes mes forces à l'unification des partis. En un mot, je serai l'intermédiaire entre le Gouvernement et votre région pour vous obtenir les avantages publics ou privés que vous pourrez ambitionner.

« Et maintenant à votre santé, à celle de vos femmes et de vos enfants, et à bientôt ! »

Les paysans hochent la tête. On leur a dit tout cela si souvent ; et puis, voir descendre Monsieur le Comte de sa hauteur pour venir trinquer avec eux, cela leur fait un peu l'effet du chat qui tendrait familièrement la patte à la souris. Mais, du moment qu'il ne s'agit aujourd'hui que de boire, cela va bien. Et ils opinent du bonnet, en assurant le candidat de leur foi profonde dans ses déclarations.

Monsieur le Comte se lève ; il serre dans ses mains aristocratiques les mains calleuses qui n'ont jamais touché les siennes ; et, d'un geste amical, il les quitte, leur répétant : « A bientôt. »

En route pour une nouvelle commune, pour une autre station du chemin-de-croix électoral.

Là, plongé dans ses pensées, Monsieur le Comte songe qu'il y a cinquante ans il n'aurait pas eu tout ce mal, que les mœurs sont bien changées et que la France est bien dégénérée.

« Nous referons tout cela ! »

Soudain, son cocher se retourne vers lui ; et, le toisant de l'air ironique de l'électeur sûr de l'impunité :

« Dites donc, patron, cela va-t-il, les affaires? Moi, vous savez, si j'ai un conseil à vous donner, c'est de les travailler dur, ces gens-là, car, bien sûr, ils n'aiment pas qu'on soit fier avec eux ! »

... Ah ! c'en est trop !... son cocher !... mais non... silence !

« Merci, Jean, de votre sage avis. Tenez, voilà un cigare ; et hâtez-vous ! »

LE CANDIDAT-VÉTÉRINAIRE

LE CANDIDAT-VÉTÉRINAIRE

ncore un des nombreux spéci-
mens de nos représentants, ce-
luï-ci !

Le vétérinaire met en action ce principe,
vieux comme le monde, à savoir que « le
meilleur moyen de gagner l'homme, c'est
de le prendre par la bête. »

Vous savez, tout aussi bien que moi,
l'intérêt que porte le paysan à la santé de sa
vache et de ses moutons ; et vous n'ignorez
pas non plus que sa femme et ses enfants
ont beaucoup moins de droits à sa sollicitude
que ces augustes animaux. D'où il suit natu-
rellement que l'homme qui soigne ces der-
niers possède une grande influence sur leurs

propriétaires, et qu'il a, au jour des élections, les chances les plus complètes de succès, surtout s'il peut arguer de quelques cures remarquables.

Le candidat-vétérinaire est froid. Il a, en général (car il y a des exceptions en tout), reçu une éducation modeste; et, pour ne point faire de bévues dans sa carrière, il se couvre du masque de l'impassibilité.

Le meilleur moyen de ne pas dire de sottises, c'est de se taire : il se tait. Mais, s'il s'agit de son métier, comme l'instruction a développé cette branche de ses connaissances, il parle, il parle beaucoup; et les paysans de lancer sur lui ce jugement profond :

« Vous savez, c'est un homme qui ne dit pas grand'chose; mais, quand il ouvre la bouche, c'est du bon qui en sort. »

A la Chambre, cela sera la même chose. Ah! il ne fera pas de bruit, celui-là; il ne se battra pas. Mais il mettra sa science à la disposition de tous; et il montera à la tribune pour prendre part aux discussions des lois sur les espèces bovine, ovine, chevaline et porcine.

Et, lorsqu'il reviendra pendant les vacances, il recevra les félicitations de ses clients sur la manière éloquente (??) dont il aura défendu leurs intérêts là-bas.

Pendant la période électorale, le rôle de candidat-vétérinaire est assez difficile à jouer. Le discours ne lui convient point ; les phrases ne sont pas son affaire. Comment donc grouper, dans un suprême effort, les électeurs autour de lui.

C'est alors qu'apparaît le génie humain.

Notre homme va dans les campagnes ; et, au lieu de s'installer à la table du cabaret ou de s'asseoir près de l'âtre de la grande salle, il se dirige tout droit à l'étable.

« Eh bien, père Chose ! la voilà donc, cette coquine de vache que j'ai guérie l'année dernière. Quelle vigueur aujourd'hui, hein ! sans moi, que seriez-vous devenu ? — C'est vrai, Monsieur ; cette pauvre bête, c'est pourtant elle qui nous fait vivre. Ah ! nous vous bénirons jusqu'à la fin de nos jours. — Je ne vous en demande pas tant ; mais,

comme chacun doit s'entr'aider, je pense
que vous voterez pour moi, après le service
que je vous ai rendu. — Pour sûr que oui,
Monsieur le Vétérinaire; et encore mon fils,
et mon gendre aussi. Nous savons bien qu'à
vingt lieues à la ronde, il n'y en a pas d'aussi
savant que vous. »

Il va ainsi d'étable en étable, rappelant
toutes les guérisons opérées, tous les soins
donnés; promettant de prendre la parole au
sujet de l'importation des viandes d'Amé-
rique, ou sur l'allocation de secours pour
l'amélioration de la race chevaline.

Avec quel œil humide le paysan le regarde
chatouiller familièrement la laine de ses
moutons et caresser de sa main puissante la
croupe de sa vieille jument! Bien sûr, rien
qu'en les touchant, il leur remet dans le
corps comme un regain de vie et d'ardeur.

Le vétérinaire sourit d'un air entendu à
tous les regards de ces bonnes bêtes,
tournés vers lui d'un air de reconnaissance.
Et serrant, avant de partir, la main de
l'électeur, il lui dit d'un ton doucereux :

« Vous savez, n'oubliez pas de voter

pour moi. Car, si je suis nommé, j'emploierai mes facultés et mon influence à vous servir en haut lieu. — Sinon, vous n'aurez personne pour s'occuper des affaires de votre région d'une manière sûre et avec compétence.

« C'est donc convenu ; et, dans votre intérêt même, je puis compter sur vous ! »

LE CANDIDAT-AVOCAT

LE CANDIDAT-AVOCAT

Grand ou petit, brun ou blond, toujours beau parleur, souvent intelligent, quelquefois bien élevé, jamais à court de répliques, tel est le candidat-avocat.

Il tient entre ses mains les affaires de tant de gens ; il possède les secrets de tant de familles ; il a rendu tant de services, qu'il espère être nommé.

Et puis, je vous le dis tout bas, il est si méchant, dans ses plaidoiries. à l'égard de ses adversaires, que ceux-ci voteront aussi pour lui, ne serait-ce qu'afin de ne plus jouer le rôle de victimes et de l'envoyer pérorer ailleurs.

Presque toujours étranger au pays, sans

grande fortune personnelle, il a su se créer un cabinet fréquenté ; et, l'ambition aidant, il a cru pouvoir affronter la grande lutte.

Et, ma foi, savez-vous, il a raison. Car, si l'on fait la statistique des différentes législatures, on en compte beaucoup, des avocats, qui se sont succédés au Palais-Bourbon ; ce qui donne de l'espoir aux jeunes confrères.

Du reste, c'est bien tentant. Beaucoup de discours à faire ; de la mise en scène ; des articles de journaux ; de la polémique ! Quelle bonne aubaine ! Après cela, la tribune, la grande tribune française avec ses échos dans tous les coins du monde ! Quel théâtre pour l'avocat de province, qui n'avait d'abord comme auditeurs que trois juges plus ou moins réveillés et quelques badauds indifférents.

Et le candidat-avocat poursuit son but. Il se fait le client de ses clients, les prie de patronner son élection dans les villages.

Sa profession de foi ? Oh ! certes, c'est quelque chose, mais bien peu.

Le peuple ne voit que la phrase, sans s'occuper de ce quelle renferme. Et l'avocat lui fait des phrases, de belles phrases. Il est bon enfant, serrant la main à tous, offrant à boire. et tapant avec conviction sur la table pour émerveiller les paysans,

Que diable voulez-vous que fasse le concurrent contre cela? A quelque classe de candidats qu'il appartienne, il ne peut lutter : ni comme parole, ni comme aplomb, ni comme vigueur, ni surtout comme popularité.

« Que désirez-vous, mes amis? La diminution des impôts? Vous l'aurez. — Voir exempter votre fils du service militaire? Bien. — Un pont sur votre cours d'eau? Il sera construit. — Des subsides pour la restauration de la mairie et de l'école? Ils vous seront alloués. — Quoi encore? Demandez, demandez toujours; il ne vous sera rien refusé. »

Et notre candidat-avocat inscrit sur son calepin, prend bonne note de tout; puis il va recommencer ailleurs son beau discours, éternellement le même, éternellement séducteur.

La popularité vient toujours plus forte;

les chances de succès augmentent de plus en plus.

Quel dommage que l'on ne puisse emporter sa grande robe noire à larges manches dans les tournées électorales. Ah! c'est alors que l'on ferait des effets superbes; et la victoire serait encore bien plus vite assurée.

C'est impossible aujourd'hui. Mais je parierais volontiers qu'un jour ou l'autre un des nombreux avocats de la Chambre déposera un projet de loi dans ce sens, et que, la majorité y étant, il sera voté haut la main, sans pointage des voix.

Le candidat-avocat est ou bien candidat du Gouvernement, ou bien candidat de l'opposition.

Il y en a dans les deux camps. Car, du moment qu'il s'agit d'une discussion, il faut deux adversaires. Et alors la partie est belle d'un côté comme de l'autre pour soutenir des thèses brillantes et pour entamer des joutes oratoires, et souvent paradoxales.

L'électeur est séduit; les urnes se rempliront de bulletins au nom de l'avocat; et celui-ci ira grossir au Palais-Bourbon le nombre déjà si considérable de ses confrères.

C'est pourquoi je me suis toujours demandé, et je me demande encore pourquoi c'est l'assemblée du Sénat, et non la Chambre des députés, que l'on a érigée en Haute-Cour de Justice.

LE CANDIDAT-OUVRIER

LE CANDIDAT-OUVRIER

Citoyens,

e Gouvernement, c'est de la farce. Il se moque de vous ; et vous le laissez vivre ! Il vous tue, et vous ne résistez pas ! Vous seriez des lâches si vous continuiez à rester sous le joug. Quand on a du sang dans les veines, on se défend ; et, quand on est fort, on triomphe. Sortez de votre abrutissement et groupez-vous. Alors, vive nous ! Nous ne serons plus dominés par quelques bourgeois qui s'engraissent de nos sueurs, qui pontifient là-bas sur leurs sièges ou dans leurs palais, et qui vivent de notre argent.

« Avez-vous du cœur ? Oui. Renversez

tout cela. Et comment? En nommant des ouvriers, des frères; en les envoyant à la place de tous ces ventrus qui ne connaissent rien à vos affaires et ne travaillent que pour eux; en criant bien haut : Le peuple sera le roi, nous n'en voulons pas d'autre.

« Eh bien! Moi, je vous propose d'être l'homme qui ira leur dire cela en face. Je n'ai pas peur, vous savez; et, s'il faut leur montrer le poing pour les faire partir, j'irai jusqu'où cela sera nécessaire.

« La Commune, citoyens, la Commune! La Révolution! Voilà mon programme. Jetez bas le Gouvernement, vous reprendrez le dessus; ni roi, ni empereur, ni république menteuse; mais un état où tout le monde soit égal. Plus de riches, plus de pauvres; plus de patrons, plus d'esclaves. L'égalité, la liberté, la fraternité!

« Pourquoi le voisin aurait-il un carosse, et ne serions-nous là que pour panser ses chevaux ou pour ouvrir les portières? Pourquoi y aurait-il de l'or dans certaines poches et pas un sou dans d'autres? Tout cela, vous comprenez, n'est pas juste.

« Il faut à la Chambre des hommes décidés
à faire un changement radical. Je serai un
de ceux-là. Je monterai à la tribune pour
revendiquer nos libertés : le droit à la grève,
l'atelier à l'ouvrier, la mine au mineur, et
l'argent pour tous.

« Peut-être ne saurais-je pas faire de
beaux discours comme ceux que vous lisez
dans les journaux ; ce n'est pas mon métier,
la phrase. Mais qu'est-ce que cela ? D'abord,
vous savez, on les fait faire ; et puis on les
lit. Je ne serais pas le premier. Après cela,
comme ils finissent toujours par se battre
quand un orateur a parlé, je serais, pour
jouer des bras, un aussi bon député que les
autres. A ce moment, je n'aurais plus besoin
qu'on me soufflât mon rôle ; et je taperais
consciencieusement. Le président pourrait
me rappeler à l'ordre ou bien mettre son
chapeau sur sa tête ; je m'en fiche.

« Un jour viendra où nous serons les maîtres. Mais, pour y arriver, il faut nommer
des représentants ouvriers. Puis, quand
nous serons en nombre, on convoquera les

frères ; et alors, en avant sur l'Elysée, comme on a fait pour les Tuileries.

« Tout doit être égalisé. Plus de palais ni de mansardes ! On nivellera tout cela avec quelques balles et quelques tonnes de pétrole.

« Le peuple nous suivra ; l'armée, fille du peuple, nous secondera. Et alors commencera le vrai mondre, tel qu'il devrait être.

« Je sais bien qu'on a déjà essayé sans réussir ; mais on s'y était mal pris. Quand nous y serons, nous ferons mieux.

« Il y en a qui sont morts autrefois pour la bonne cause. Mais le sang appelle le sang ; le martyre des uns doit être vengé par les autres ; nous nous en chargerons.

« Vous m'avez compris ; c'est bien.

« CITOYENS,

« Votez pour moi comme représentant du peuple ; votez pour moi, comme ennemi de tous ceux qui nous gouvernent et nous écrasent de leur dédain en consommant notre ruine.

« Vive la Révolution sociale ! »

LE CANDIDAT-MÉDECIN

LE ·CANDIDAT-MÉDECIN ·

u physique, pas de cachet spécial. Comme l'avocat, il peut être très varié, sauf cependant une certaine froideur et un regard assez pénétrant, comme s'il voulait toujours surprendre chez son interlocuteur un vice caché.

Au moral, bon garçon, franc, buvant sec, et sans façon. Les gens ne le trouvent pas fier ; et ils ont raison ; car je défie qui que ce soit d'être aussi gentil que lui avec sa clientèle.

Mais, c'est qu'il a son arrière-pensée ; il prévoit l'au-delà ; et, sous toutes ces apparences de la bonhomie, il voile son ambition.

Il n'est ni vieux, ni jeune ; il a quelques années déjà d'apprentissage des hommes ;

et les élections vont lui permettre de voir la place réelle qu'il occupe dans l'estime de ses concitoyens. . . . .

La période électorale est ouverte! En avant, Messieurs les candidats!

Ah! pauvre Cocotte! Toi qui as déjà blanchi sous le harnais, il va falloir que tu entames une nouvelle campagne. Tu vas parcourir toutes les routes, t'arrêter à toutes les portes et répandre encore d'amères sueurs! Ton maître n'aura plus pour toi les ménagements ni les caresses d'antan! La petite voiture va rouler, rouler encore, rouler toujours, portant le candidat de côté et d'autre, tandis que tu gémiras entre les brancards sur les conséquences que peut avoir l'ambition pour la destinée des vieux serviteurs!

Mais qu'importe Cocotte? Arriver, tel est le but du candidat-médecin.

Quel appoint formidable il a pour lui! Songez donc au nombre de personnes qu'il a soignées, aux enfants qu'il a rendus à leurs parents, aux femmes qu'il a guéries, aux hommes qu'il a aidés dans les moments difficiles.

Et puis, en dehors des soins médicaux, il a payé souvent aussi de sa personne et de sa bourse.

Tout le monde l'a vu courir, par tous les temps, le long des chemins de traverse, la nuit comme le jour, pour porter secours au premier venu. L'on a sonné à toutes les heures à sa porte ; jamais elle n'est restée fermée. Jamais, non plus, un homme, si pauvre qu'il soit, n'a manqué de remèdes, grâce à sa générosité.

Il a bon cœur, c'est évident, mais il a plus encore d'orgueil ; et, comme l'aurait dit La Rochefoucauld s'il l'avait vu à l'œuvre, tous les services rendus n'étaient qu'une avance faite à l'époque électorale.

Aujourd'hui, le voilà posé ; il a beaucoup d'atouts dans son jeu ; mais il faut frapper le dernier coup.

Il va, lui aussi, de village en village, non pas comme un candidat sollicitant des voix, mais comme un bienfaiteur en quête de reconnaissance.

C'est alors que le « *bon enfant* » apparaît dans toute son étendue.

Il s'attable au cabaret, fait monter dans sa voiture tous ceux qu'il rencontre; il joue aux boules et aux quilles, il s'agite, il chante. Ce n'est plus un Monsieur, c'est un camarade pour les paysans, très flattés de voir un homme aussi savant descendre familièrement à leur niveau.

De celui-là, on aura tout ce qu'on voudra, sans doute.

D'abord, il les connaît tous par leurs noms; il les a tous plus ou moins soignés; il les a vus naître, ou a enterré leurs parents. Bref, il y a un lien entre lui et chacun, sans compter la sympathie naturelle qu'il s'est conciliée. Ensuite, il leur a promis tout simplement, sans parler de politique, de s'occuper d'eux, de veiller sur leurs intérêts comme sur leur santé. Enfin, il y a bien des petits comptes arriérés; et les clients insolvables se feront, pour se libérer, d'actifs courtiers d'élection.

Et le candidat-médecin suppute, du haut de sa carriole, le nombre de chances qu'il a d'être nommé, la somme des voix qu'il obtiendra dans chaque commune; et, le soir, il dételle gaîment Cocotte éreintée, en lui disant :

« Allons, ma vieille, courage ! Donne-moi encore quelques semaines de travail. Après cela, tu pourras mourir en paix; mais, sois-en sûre, ma pauvre bonne bête, je te serai toujours reconnaissant. Car, si je suis nommé député, je n'oublierai pas que c'est toi qui m'as porté pendant des années à travers tous les chemins que j'ai pris pour arriver au Palais-Bourbon ! »

LE CANDIDAT-OFFICIEL

LE CANDIDAT-OFFICIEL

« L'Etat, c'est moi », telle est, renouvelée du Grand-Roi, la devise du candidat-officiel.

Sous toutes les formes de gouvernement, tous les sièges d'élections en voient surgir, aussi nombreux que les champignons sur une couche, C'est que c'est un métier facile, il faut le reconnaître. Soutenu par l'Etat, par l'administration, secondé par une armée de fonctionnaires, chanté par la majorité des journaux, le candidat-officiel a tout ce qui impose, tout ce qui peut assurer le succès,

Aussi, voyez-le. Il est fier et comme sûr de lui. Il se prend lui-même pour un oracle; et, tout ce qui tient de près ou de loin au gouvernement, courbe humblement l'échine devant lui, prône sa candidature, est soumis à ses ordres et voyage pour son élection.

Il prend le mot en haut lieu et n'a qu'un programme, éternellement le même, le « *statu quo* ».

« Electeurs, votez pour moi : car, en votant pour moi, vous consolidez le gouvernement établi, qui a droit à toute notre estime, qui vous a donné l'éducation et le bien-être, qui ne travaille qu'au bien du peuple, qui a relevé nos forces militaires, étendu notre influence à l'extérieur, qui... ». Et ainsi de suite.

Cela n'est certes pas très varié, je le veux. Mais cela atteint le but proposé.

Le candidat-officiel exploite ce vieux principe, à savoir que les masses sont comme les moutons de Panurge, qu'elles inclinent toujours vers ce qui est, qu'elles ont horreur et surtout peur du changement, et qu'elles aiment mieux recevoir au besoin des coups de bâton sans souffler mot, plutôt que de risquer d'attraper quelques boulets de canon dans une révolte ouverte.

Fort de cette certitude, notre homme n'a plus qu'à marcher de l'avant. Et les affiches sont placardées sur tous les murs, exaltant les mérites du pouvoir, et un peu aussi ceux du candidat à sa solde.

Le préfet, le sous-préfet, les maires, tout le monde officiel, en un mot, s'émeut ; chacun pousse à la roue, afin de hisser le char du candidat au sommet de la rude montée électorale.

Voilà comme il se fait, comme il se fera presque toujours, qu'on obtient à la Chambre des députés une majorité gouvernementale. (Ceci dit, sauf quelques rares exceptions). Et c'est ce qui explique comme quoi, au lendemain d'une révolution, il y a autant de voix pour le régime nouveau que, la veille, on en comptait en faveur de l'ancien.

Il existe vers le centre du pouvoir, quel qu'il soit, une espèce d'attraction moléculaire qui appelle péremptoirement les votes approbatifs de la grande masse des électeurs. C'est là une conséquence inévitable du suffrage universel.

Le candidat-officiel a donc, par le fait

même de ce titre, les plus grandes chances de succès. Son cortège est imposant; les réunions publiques, dans lesquelles il prend la parole. sont présidées par de beaux Messieurs en écharpe, c'est-à-dire par les représentants même de l'autorité. Enfin, le peuple, qui prévoit d'abord le calme général par suite de la nomination des hommes du gouvernement, se dit qu'après tout, pour son petit intérêt personnel, il y a aussi avantage.

Car si le député a l'oreille des ministres et du chef de l'Etat, s'il est de leur opinion, il y a beaucoup à parier qu'il aura le bras long là-bas et qu'il pourra semer les bienfaits sur la contrée.

Ah! il le sait bien, le malin candidat! Et il le dit aux paysans aussi haut qu'il le peut; il leur promet monts et merveilles. Est-ce que le concurrent, s'il était nommé, serait à même d'en faire autant que lui? Mais non. Et la région serait considérée comme une insoumise, comme une rebelle; et rien ne lui serait accordé.

Tandis que si lui, candidat-officiel, l'emporte, alors les électeurs, dociles et bien pensants, sont en droit d'espérer beaucoup, parce qu'ils auront beaucoup donné.

Et puis encore, s'il devenait ministre! Mon Dieu, c'est un roulement; chacun y passe à son tour. Pourquoi pas lui aussi?

Quel honneur pour le pays! Quelle gloire d'avoir doté la France d'un aussi grand personnage!

« Ah! Votez, votez pour le candidat-officiel; vous avez tout à y gagner; votre intérêt et votre honneur y sont engagés. »

Le peuple le croit; car il ne sait pas distinguer le fond des choses.

Et notre candidat-officiel s'étend mollement dans son fauteuil en face de son bureau de travail, rêvant au temps, prochain sans doute, où il sera installé dans un grand cabinet avec fenêtres ouvertes sur la place Bauveau ou sur la rue de Rivoli, et peut-être aussi un peu à l'époque future où ses enfants assisteront, dans leur petite ville, à l'inauguration de la statue élevée en l'honneur du grand homme qui aura été leur père.

LE CANDIDAT DE L'OPPOSITION

LE CANDIDAT DE L'OPPOSITION

nnemi-né de tout pouvoir constitué, le candidat de l'opposition est le pendant du candidat-officiel.

Pour lui, rien de noble, rien de sacré. Tout est mal dans ce qui est; il faut détruire, détruire toujours.

Le parti-pris de tout dénigrer est tellement ancré chez lui que, survienne un changement de gouvernement, il est aussi acharné contre le nouveau régime qu'il l'était contre l'ancien.

Le candidat-officiel loue tout; le candidat de l'opposition conspue tout. L'un s'incline; l'autre se redresse. L'un flatte, l'autre grogne. Et tous deux sont aussi fous l'un que l'autre; car, dans un mode quelconque d'Etat, on trouve du bon et du mauvais; et il ne faut ni tout approuver, ni tout critiquer.

Ce qu'il y a de remarquable chez ce candidat, c'est, nous venons de le voir, son hostilité constante qui le pousse à lutter, même quand il a remporté une victoire; il vit de la bataille comme un oiseau de proie.

Voilà pourquoi nous constatons que les hommes qui avaient fait de l'opposition à la royauté, en firent plus tard à l'empire et en font encore aujourd'hui à la forme actuelle. Que leur faut-il? Nul ne pourrait le dire. Ils font de l'opposition systématique; et, du jour où leurs idées triomphent, ils sont obligés d'en changer, sous peine de devenir des hommes officiels : ce qu'ils doivent éviter à tout prix.

Le candidat de l'opposition est actif, remuant; il a les cheveux touffus, l'œil vif, l'air intelligent, le geste prompt. Il crie fort et entame des polémiques ardentes; il se bat en duel, et recommence le lendemain ses attaques toujours plus violentes.

S'il est jeune, c'est un futur proscrit ; s'il vieux, il a connu l'exil : ce qui lui met au front l'auréole du martyre, attendu ou subi, et le rend sympathique aux gens sensibles.

Le candidat de l'opposition peut être ce que l'on voudra, depuis le carabin raté et le poète incompris jusqu'au grand homme dévoyé et au général insoumis.

Il y en a toute une série, dont la valeur commence à zéro pour monter progressivement à un chiffre élevé ; car on y compte certainement des hommes de grand talent.

Sa profession de foi est aussi simple et banale que celle du candidat-officiel.

« Electeurs, ce gouvernement vous vole, vous écrase d'impôts. Où est la liberté promise ? Où sont ces affaires prospères et lucratives d'autrefois ? Et vos fils morts dans des expéditions lointaines, sans profit pour le pays ? etc., etc... »

Ah ! par exemple, il ne trace pas de programme. Et il a raison ; cela le compromettrait pour l'avenir. Car, s'il voit ses vœux actuels exaucés, si le gouvernement attaqué par lui succombe, demain il tonnera aussi fort contre le régime nouveau ; et l'électeur lui reprocherait à bon droit d'être un destructeur inutile, puisqu'il ne trouve rien de mieux à mettre à la place de ce qu'il a voulu renverser.

Le candidat de l'opposition prend le peuple par l'amour-propre. « Comment ! Vous vous laisseriez conduire comme des moutons par deux ou trois hommes sans valeur, à la merci des gouvernants ! Vous annihileriez à ce point votre libre arbitre, de vous croire obligés d'adhérer à ce qui est, sans en voir les inconvénients. Mais ouvrez donc les yeux, mes amis, et regardez ; vous jugerez par vous-mêmes que tout est préférable à ce que nous supportons. »

Et il y a des gens qui se laissent persuader, qui se figurent qu'ils font acte d'indépendance en votant pour lui !

Voilà comme quoi le candidat de l'opposition peut se frotter les mains en sortant de la réunion où il a sapé le gouvernement ;

car il est sûr, s'il échoue, d'avoir toujours une belle minorité ; et, ma foi, il a aussi, tout bien considéré, des chances sérieuses d'être nommé.

LE DÉPUTÉ SORTANT

LE DÉPUTÉ SORTANT

vouez que c'est bien ennuyeux. On est député, bien tranquille, sans souci, on touche ses émoluments depuis quatre ans, on voyage gratuitement, on est un petit roi dans son village et un demi-personnage à Paris. Et voilà que tout est à recommencer. L'incertain au lieu du certain ; la lutte après une paix victorieuse ! Il faut se rejeter dans l'arène après avoir joui des délices de Capoue ! Bien vrai, les choses ne devraient pas se passer ainsi.

Car, après tout, un tien vaut mieux que deux tu auras. Qui sait si le mandat va être renouvelé, si l'on ne va pas être rendu à la vie de province après l'éclat du pouvoir ?

Et puis, il y a la question d'amour-propre.

Qu'y faire? Rien. Alors, en campagne.

Pour le député sortant, le rôle de candidat est très facile ou très difficile; c'est tout l'un ou tout l'autre. A-t-il satisfait la majorité des votants? Cela va bien. — Les a-t-il, au contraire, mécontentés? Cela va mal. Il n'y a plus de profession de foi à faire; il faut défendre ses actes. Et, ma foi, vous le savez aussi bien que moi, c'est souvent fort scabreux.

Les paysans attendent avec impatience leur ancien représentant. De ses explications dépendront leurs votes d'aujourd'hui.

D'abord, ils veulent l'entendre; ensuite, ils le jugeront. — Le voici.

Il arrive au village dans une voiture toute neuve; il s'est payé un nouvel attelage, a loué un cocher de haute volée; bref, il a tout-à-fait bon air; et, malgré tout, il ne repré-sente pas trop mal extérieurement. Il entre dans la salle où on l'attend avec impatience, et monte à la tribune.

Pendant ce temps, quelques badauds examinent l'équipage, scrutent la voiture et sont tout étonnés d'y voir, à l'intérieur, une énorme boîte en carton. Un gamin l'ouvre; et soudain apparaissent aux yeux étonnés de nombreuses paires de gants.

C'est que notre homme doit serrer la main à tous; et, comme il touche parfois des mains sales, il renouvelle sa paire de gants à chaque nouvelle opération. C'est une réclame comme une autre; et les frais en rentrent dans le chiffre total de l'élection.

Pendant ce temps, le député sortant harangue le peuple; il prouve que tous ses votes ont été donnés dans l'intérêt de la France et de la région; il fait valoir les services rendus; il en promet d'autres encore; et il termine par ces mots :

« Maintenant, mes chers électeurs, j'ai pris pied à la Chambre. Le plus difficile est fait. Je suis connu et estimé; et je ne doute pas qu'on accorde tout à un arrondissement qui a su choisir un représentant tel que moi; à la prochaine chute du ministère, chute qui ne peut tarder beaucoup, je serai nommé ministre; et alors mon influence, si justement acquise, vous sera dévolue tout entière. Renouvelez mon mandat ; vous n'aurez pas à vous en plaindre, car vous obtiendrez par moi désormais plus encore que par le passé ! »

Mon Dieu, après tout ! C'est peut-être vrai. Il n'est pas très fort, le bonhomme ; mais on voit tant de choses, qu'il pourrait bien être ministre aussi ; et puis, qu'est-ce que l'on risque ? Il n'a pas fait de mal la première fois ; il pourrait, par hasard, la seconde, accorder quelques bienfaits.

Voilà le raisonnement ; et, quand le député sortant remonte dans sa belle voiture et salue avec dignité et émotion la foule, celle-ci lui est presque sympathique.

Mais le peuple est si changeant, que notre pauvre candidat n'est pas tranquille. Si le concurrent arrive tout à l'heure et parle de certains faits ; s'il retourne ses arguments ; s'il prouve le contraire ! Alors ! Adieu veau, vache, cochon, couvée.

Les élections tiennent à si peu de chose qu'il y a lieu de craindre toujours.

Et le candidat-député-sortant songe dans le coin de sa calèche au bonheur passé, à la popularité peut-être compromise, à l'avenir noir après les jours roses, à la vieillesse morne, à la chute terrible et irrémédiable.

Non; il ne peut se plier à cette idée; et il s'écrie, avec un accent poignant de peur :

« Ah! il faut que je sois réélu; il le faut. Il n'est pas possible que le bonheur m'échappe. A l'œuvre! A l'œuvre! »

Et il tire de sa poche un petit livre des meilleurs discours prononcés par ses collègues à la Chambre, en apprend quelques fragments et va aller les réciter dans les campagnes, pour montrer les belles paroles qu'il a dites à la Chambre lors de la discussion des principales questions, et pour convaincre les électeurs qu'ils ne peuvent renvoyer chez lui un homme de sa valeur!

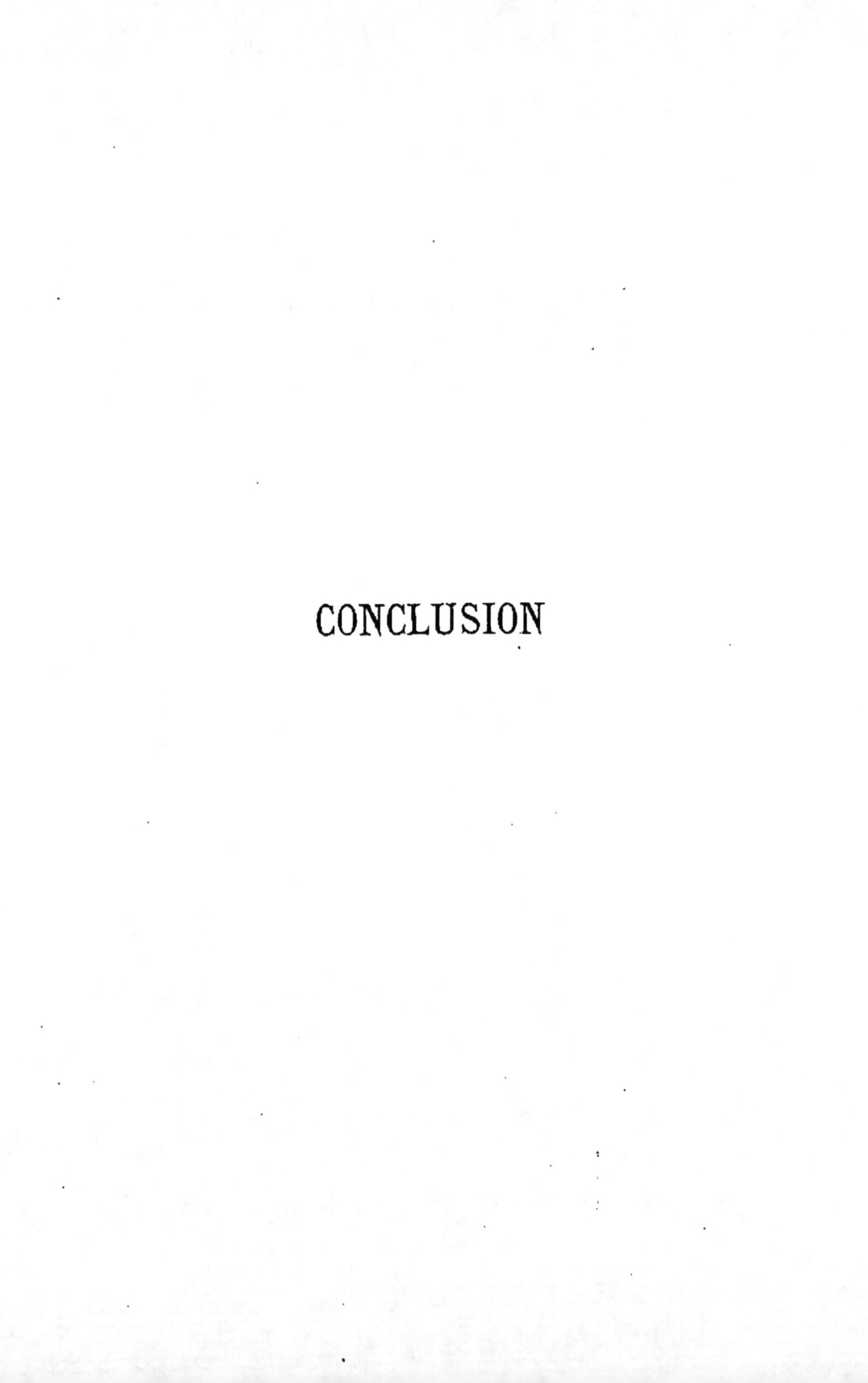

CONCLUSION

CONCLUSION

Tels sont, amis lecteurs, les quelques types que je voulais esquisser.

Vous le voyez, j'ai rempli fidèlement mon programme : j'ai été court; je n'ai pas fait de politique de parti; et nul 'n'a été attaqué par moi.

Maintenant, quelle conclusion devons-nous tirer de cette lecture ? Celle que je vous indiquais dans ma préface.

Regardez, en effet, ces hommes : l'industriel, le noble, le vétérinaire, l'avocat, l'ouvrier, le médecin, le candidat-officiel, le candidat de l'opposition et le député-sortant.

Ne sont-ils pas assez ridicules dans leurs tournées électorales? Comme l'esprit de parti les pousse et les fait sortir de leur dignité! Comme ils ont l'air d'acteurs sur les tréteaux! (Et quels acteurs!)

Ne vaudrait-il pas mieux, je vous le demande, que, sans se poudrer la face, sans se forcer l'imagination pour trouver de quoi séduire, sans s'injurier entre eux comme des gens de bas étage, ils pussent se présenter aux votes de leurs concitoyens, avec l'appui de leur seule valeur personnelle, avec l'expérience acquise et avec l'espoir de donner mieux encore?

Voilà où l'on devrait en arriver dans un pays puissant et intelligent comme le nôtre. Alors, adieu les dissensions intérieures; adieu, les séances tumultueuses de la Chambre; adieu, les changements si fréquents de ministères; adieu, la lutte acharnée de la presse; adieu, la guerre civile!

Et l'on pourrait s'occuper exclusivement d'affaires au-dedans, et se fortifier d'une manière sûre pour l'attaque du dehors.

Telle est la morale que je voulais tirer de ce petit livre. Si elle n'est pas pratique par suite de nos tristes mœurs électorales, elle est, du moins, bien belle; et, si l'on m'accuse de nourrir des illusions, on ne pourra me contester la sincérité des vœux que je forme pour la prospérité de la France.

Je ne sais si ce modeste opuscule sera lu. Mais, s'il m'était permis d'exprimer un désir, je ne cacherais pas que je voudrais le voir entre les mains de tous ceux qui, de près ou de loin, s'occupent d'élections et tendent à la direction des masses populaires.

Car, alors, je suis sûr que, lu par des hommes intelligents, je serais compris.

Laissez de côté la forme, amis lecteurs; je n'élève aucune prétention à la pureté du langage ni à l'élégance des expressions; mais considérez le fond. Vous lirez entre les lignes le but éminemment patriotique que je me suis proposé; et, dans votre sincère amour de notre pays, vous vous y rallierez spontanément.

Avant de terminer, je tiens encore une fois à affirmer qu'aucune personnalité n'a été visée par moi. Ma parole d'honneur suffira, je l'espère, pour convaincre les plus incrédules. Mais, après cela, s'il en est qui croient se reconnaître, eh bien! cela me prouvera que je n'ai pas trop mal réussi, puisque mes esquisses seront assez ressemblantes pour être prises pour des portraits.

Merci, amis lecteurs, de votre indulgente attention. Et au revoir!

Anselme BASTIEN,

avocat.

Langres, le 6 août 1889.

TABLE

Langres, imp. Lepitre-Rigollot.

243